1

Hypnose
et
Régressions

Christophe Pank

«Le passé n'existe pas,
nous sommes des Hommes du présent »

Sommaire

Sommaire..7
Avant Propos...9
Introduction...11
Chapitre 1 : L'Hypnose...17
Chapitre 2 : Les perceptions..23
Chapitre 3 : Un Symbole..29
Chapitre 4 : Comment mener en Régression à la cause 35
Chapitre 5 : Gérer sa régression à la cause...................................45
Chapitre 6 : Retour de régression...61
Chapitre 7 : Des vies Antérieures ?..65
Chapitre 8 : Retour vers une autre ère ?..69
Chapitre 9 : La visite du passé...79
Chapitre 12 : Retour vers le présent...99
Conclusion..101
Lexique...107
Liste de Praticiens Hype-N-Ose...109
Les Instituts de Formations en France 111

Avant Propos

Cette collection d'ouvrages, qui commence avec ce premier opus, s'adresse avant tout aux professionnels de l'hypnose. Son objectif est simple: offrir des outils complémentaires aux praticiens.

Cette collection 'Hype-N-Go' est orientée vers la pratique.

Vous sortez de cursus et d'histoires différentes. Vous utilisez l'Hypnose pour des raisons variées.

Il vous arrive très souvent en cabinet d'avoir des cas que vous n'aviez jamais traités auparavant.

Les formations apportent un maximum d'informations pour que vous puissiez être professionnel sur le terrain. Elles ne peuvent pas définir et prévoir tous les cas auxquels vous allez être confronté.

De même que les techniques que vous utilisez sont automatiquement liées aux styles et aux écoles formatrices, il est possible que vous n'alliez pas à la recherche d'autres courants.

J'ai souvent remarqué, au sein des forums et autres communautés d'échanges du net, que la demande de scripts était fréquente.

N'ayant jamais utilisé de scripts, je me dis toujours qu'il est dommage de devoir suivre un processus préétabli.

Cela limite nos pratiques et ne nous donne pas de clefs de réflexions ou d'approfondissements à nos pratiques.

Cette collection ne présente pas de script, plutôt des orientations et des outils que vous pouvez inclure, modifier et utiliser dans votre travail quotidien.

C'est un ensemble d'ingrédients qui vous laisse libre de composer le plat le plus adapté pour nourrir le subconscient de votre client/patient.

Je vous souhaite beaucoup de plaisir dans votre cuisine hypnotique.

Pank

Introduction

Nous vivons dans un monde de croyances. Nous ne sommes que les conséquences de ces croyances.

Que nous soyons religieux ou scientifiques, nous croyons.

Notre foi est dirigée vers des thèmes différents, pourtant nous sommes persuadés de la véracité de nos chemins.

Nous cherchons et trouvons les réponses qui nous conviennent le mieux.

Notre vie est un ensemble d'enseignements, d'observations et de tests qui nous donnent la perception d'un savoir.

Il y a des sujets sensibles, amusants à mettre sur la table. La mort par exemple est l'un de mes favoris.

C'est un thème tabou de notre société. Ne parlons pas de la mort, de peur qu'elle ne vienne nous chercher.

Et pourtant nous allons tous à sa rencontre, quoi que nous fassions, cette douce amie nous attendra. Elle est d'une fidélité inébranlable.

Si nous demandons à nos amis et connaissances ce qu'ils pensent de la mort, chacun aura sa propre vision du 'concept'.

Il y aura ceux qui nous dirons que la mort représente la fin. Nous ne sommes simplement plus.

Certains parleront de paradis et d'un monde de paix qui les accueillera.

D'autres encore parleront de réincarnation, dans un autre corps, vivant une autre période de temps.

Personne ne sait, personne ne peut dire et tout le monde espère être dans le vrai.

Ceux qui reviennent d'une expérience de mort imminente (Near Death Experience) donnent une vision commune. Si vous souhaitez les découvrir n'hésitez pas à lire les recherches de Raymond Moody.

La peur de cette inconnue peut nous imposer de ne pas y penser. Dans ma famille il est très difficile d'en parler, moins on en parle et plus on s'en éloigne.

D'autres s'y plongent pour mieux la comprendre, l'accepter, la « maîtriser ». Ils étudient les Near Death Experiences par exemple.

La foi permet aux nombreuses personnes pieuses de croire ce que les Livres leur témoignent.

Pour elles, c'est parfois plus simple d'y penser, certains extrémistes allant même jusqu'à donner leurs vies à une cause pour obtenir 'leur' paradis.

Nous sommes pleins de croyances...

J'ai eu la chance de découvrir, grâce à une expérience ratée de Rebirth, ce que nous nommons en Hypnose une régression en vie antérieure.

Mon champ de croyances était large et cette expérience me permit de comprendre et d'appréhender de nouvelles voies. J'y ai appris de nombreuses choses.

Nous connaissons de nombreuses disciplines qui offrent la possibilité de 'voyager' dans ce type de régression.

Depuis l'émergence des méthodes issues du Nouvel Age, les méthodes et protocoles se sont développés pour faire découvrir les vies antérieures.

Le monde de l'Hypnose a également mis en place des techniques de régressions dans l'optique de découvrir l'origine de comportements pour leurs consultants.

Il faut l'admettre, pour de nombreuses personnes, cela relève de la sorcellerie et autres pensées « païennes », dans l'expression moderne de la science.

Dans le cadre de l'Hypnose et de nombreuses thérapies brèves, il est courant que le praticien en vienne à travailler sur cet aspect.

Cette démarche est rarement 'métaphysique' et la recherche est plutôt de laisser le subconscient, qui enregistre tout depuis notre naissance, retrouver des éléments importants d'un traumatisme.

Le sujet obtient donc une nouvelle information sur l'origine d'un mal. Cet outil permet aussi de transformer la perception de cet instant.

Curieusement, il est fréquent de voir que les sujets remontent dans des vies antérieures spontanément.

Je ne suis pas là pour dire que c'est une preuve de l'existence de vies passées.

Je pense que nous ne savons pas et que nous ne pourrons jamais savoir.

A mes yeux, ce que nous nommons régression à la cause ou régression en vies antérieures ne représente qu'une expression symbolique du subconscient.

Cette méthode devient un moyen de trouver des ressources et de transformer des perceptions, qui pour un symptôme dans l'ici et maintenant, pourra être salvateur.

Je vous propose dans cet ouvrage, une découverte des régressions, avec quelques outils qui permettront de les utiliser à des fins curatives.

Chapitre 1 : L'Hypnose

Nous pouvons trouver de nombreuses définitions sur l'Hypnose.

Pour moi elle représente deux choses en un mot. Une méthode travaillant sur la suggestion et un état de conscience plus ouvert.

Cette discipline est de plus en plus reconnue dans le cadre médical parce qu'elle rend possible l'anesthésie d'un patient lors d'une opération, sans l'utilisation de produits anesthésiants.

L'Hypnose est une méthode qui permet de réassocier son Conscient à sa partie « cachée » le Subconscient.

Cette connexion offre une ouverture aux suggestions et un impact sur le corps et l'esprit.

L'état dans lequel se fait ce lien est nommé Transe Hypnotique.

Nous sommes tous sujets à ces transes. C'est un état naturel que nous vivons spontanément au quotidien.

Pour vous donner quelques exemples, pensez au nombre de fois où vous avez pris le même chemin pour rentrer chez vous, et combien de fois ne vous êtes vous pas aperçu de la route que vous aviez prise.

Avez-vous déjà lu plusieurs pages d'un livre sans ne suivre un mot et devoir relire ?

Ce sont des états de transe, votre conscient se perd et pourtant vous continuez à agir.

L'opérateur que vous choisirez pour une séance d'Hypnose, vous permettra de retrouver cet état qui vous appartient et qui vous ouvrira les portes du changement.

En aucun cas un Hypnotist ne peut entrer dans votre tête et vous faire faire ce qu'il souhaite.

En effet vous restez toujours maître de vos séances. Vous pouvez à n'importe quel moment arrêter la session.

Si vous avez déjà vu un spectacle d'Hypnose, vous avez peut être l'image d'un opérateur tout puissant soumettant les spectateurs à son pouvoir.

Cette image est fausse, quoi qu'il arrive, les volontaires qui montent sur scène sont sélectionnés par des tests effectués avec tous les participants en début de spectacle.

Les sujets retenus sont ceux qui vont être les plus réceptifs, pour ce type de démarche, c'est-à-dire ceux qui acceptent de se lâcher complètement sur scène devant tous les spectateurs.

Vous avez peut être connu cela. Imaginez-vous avant une soirée à laquelle vous souhaitez vraiment vous amuser.

Vous avez passé une semaine stressante et vous êtes d'excellente humeur avec des amis pour faire la fête.

Plus la soirée avance et moins vous avez de retenue, plus vous vous lâchez, ne prêtant plus du tout attention à ce que les autres peuvent penser de vous. Vous êtes dans un état de 'transe'.

Si dans ces moments là, je venais vous proposer de vivre une belle expérience en jouant le rôle de héros de dessin animé, pour le rire et le plaisir vous accepteriez sûrement.

Dans la démarche d'un spectacle d'Hypnose de Scène, nous retrouvons le même état d'esprit chez les spectateurs ce qui permet à l'opérateur, avec l'accord de principe du sujet, de lui faire faire le chat, le martien...

Nous allons, dans cet ouvrage, partir sur un cadre curatif plutôt que sur celui du divertissement. Les états sont les mêmes, les objectifs sont complètement différents.

L'Hypnose est une discipline à part entière. Elle est considérée comme une thérapie dite 'brève'.

Cette forme de thérapie permet de compléter des disciplines comme la Psychologie, des séances de relaxations...

Elle ne remplace en aucun cas le cadre médical. Il est important de toujours passer par les médecins, qui restent la source la plus fiable pour traiter un problème de santé.

L'état hypnotique permet une ouverture extraordinaire au potentiel humain. A votre potentiel. Le Subconscient recèle de nombreuses capacités aux changements et à la transformation.

Les transes vous connectent à des états ressources permettant de corriger des traumatismes, des addictions, des TOC, des troubles comportementaux, des douleurs...

Votre subconscient peut devenir un excellent allié en comprenant les rouages de fonctionnement.

Vous pouvez travailler de plusieurs façons. Avec l'aide d'un opérateur extérieur, un praticien qui peut vous mener dans une séance. Ou avec un travail personnel en Auto Hypnose, vous découvrez les différents moyens de vous programmer et de vous transformer.

Quand vous commencez une démarche dans ce monde là, je vous conseille de trouver le praticien qui vous mettra en confiance.

Les Thérapies d'Hypnose peuvent durer jusqu'à deux ans. Nous savons que de nombreuses problématiques peuvent être traitées rapidement. Seulement chacun est différent et il est important de prendre conscience que cette démarche est impliquante émotionnellement.

Il y a un pré requis à la grande efficacité de cette méthode. Vous devez être volontaire, motivé et impliqué dans votre bien être.

Le praticien fait seulement cinquante pour cent du chemin. Il est co-créateur de votre changement, vous êtes l'élément principal de cette avancée.

Comme je vous le signalais, le praticien ne fait que vous remettre dans un état que vous connaissez et de vous guider vers différents chemins.

Vous devenez le partenaire de votre Thérapeute pour votre bien être. Vous êtes un acteur de votre démarche.

Si vous souhaitez plus de détails sur cette discipline n'hésitez pas à lire : « Je pouvais mais je n'avais pas envie » de HnO Edition.

Chapitre 2 : Les perceptions

Le passé n'existe pas. Il n'est que la perception d'une image que nous gardons en nous.

En Hypnose, nous travaillons avec ce postulat de départ.

Combien de fois avez vous raconté des moments de votre vie à différentes personnes avec des éléments qui changeaient.

Etes-vous certains que vous racontez les mêmes événements le lendemain d'une scène ou dix ans après ?

Est-ce qu'une réflexion sur un de vos comportements passés ne va pas vous faire voir le dit comportement de façon différente ?

Nous sommes filtrés par nos émotions. Nous avançons tous avec des lunettes spéciales.

Ces lunettes nous donnent une vision déformée de la réalité.

N'avez-vous jamais vécu un bouchon sur la route en étant parfois très énervé ? Et parfois très zen ?

Qu'est-ce qui fait que vous vivez la même situation de façon différente ? Vos émotions.

Nous percevons le monde en fonction de ce que nous ressentons.

Le film « Le cercle des poètes disparus » nous donne une image que je trouve extraordinaire de cet aspect de nous.

Nous pouvons voir les situations sous différents angles. Le passé est comme le présent, il n'est qu'une perception filtrée par nos émotions.

En transe, nous avons la chance de pouvoir utiliser des outils pour transformer les perceptions d'un événement.

Nous allons faire un exercice commun à la Programmation-Neuro-Linguistique (PNL).

1- Prenez quelques instants pour retrouver une scène du passé assez désagréable.

2- Imaginez-vous en train de regarder cette scène dans un cinéma. Cette scène est projetée sur l'écran.

3- Si cette scène est un film, arrêtez-là, jusqu'à ce qu'elle devienne une image fixe.

4- Cette image vous allez lui changer les couleurs. La mettre en noir et blanc, la mettre en sépia.

5- Maintenant, si des mots ou des voix ont été émises, transformez-les en voix de dessins animés. Imaginez une personne avec la voix de Bip-Bip ou de Speedy Gonzales.

6- Rajoutez une musique de cirque.

7- Sur cet écran, réduisez complètement la taille de l'image, tout en gardant la musique, les voix et la couleur différente.

8- Observez votre émotion.

9- Faites déplacer cette mini image de votre souvenir jusqu'à lui trouver la place qui vous neutralise cette émotion.

10- Eteignez l'écran, et essayez de repenser à ce souvenir.

11- Recommencez cette procédure trois fois.

Vous remarquerez, qu'après cette procédure, quand vous allez chercher à vous souvenir de cet événement, votre perception sera différente.

Il se peut que la musique de cirque revienne directement, que les mots exprimés soient avec une intonation ridicule...

Ce simple exercice, qui prend quelques minutes, vous permet de constater que notre mémoire peut être transformée.

Notre vie passée évolue en fonction des événements et des apprentissages que nous vivons quotidiennement.

Nos souvenirs et leurs poids émotionnels peuvent être modifiés grâce à une prise de conscience différente de l'événement.

Reprenez des réactions que vous avez eues durant votre enfance, avec le recul d'aujourd'hui, elles peuvent vous paraître disproportionnées.

En transe vous allez être capable de revivre une situation, non pas avec l'émotion d'un enfant, mais avec celle d'un adulte.

C'est un levier de changement extraordinaire pour vous. D'ailleurs, dans les démarches analytiques c'est très souvent ce que le thérapeute souhaite mettre en place.

En Hypnose, le contact avec votre subconscient apporte une possibilité de reprogrammer la perception avec l'objectif que vous souhaitez atteindre.

Ne vous est-il jamais arrivé de sourire quand un enfant pleure pour ce qui vous semble aujourd'hui un détail insignifiant ?

Vous avez la maturité, des points de vue différents qui vous font réagir de façon posée. Grâce à l'Hypnose vous pourrez offrir à cet enfant intérieur, une vision différente des choses.

Dans le cadre d'une régression, nous allons faire confiance à vos perceptions et à ce que vous exprimez pour faire un travail thérapeutique productif.

Nos perceptions peuvent être toutes symboliques, c'est d'ailleurs ce qui permettra au plus 'cartésien' d'entre nous d'admettre cette démarche.

Chapitre 3 : Un Symbole

Le subconscient donne de nombreuses informations symboliques.

Il suffit de lire les ouvrages de psychanalyse pour nous en rendre compte.

Le père fondateur de la discipline a mis en avant l'interprétation symbolique des rêves, ainsi que de nombreuses réactions de ses clients/patients.

Son disciple et dissident Carl Jung a aussi beaucoup travaillé sur cet aspect.

Voici un passage de son ouvrage « L'homme et ses Symboles », qui entre parfaitement dans la sphère qui nous intéresse :

«... un mot ou une image sont symboliques lorsqu'ils impliquent quelque chose de plus que leur sens évident et immédiat. Ce mot ou cette image, ont un aspect "inconscient" plus vaste, qui n'est jamais défini avec précision, ni pleinement expliqué. Personne d'ailleurs ne peut espérer le faire.

Lorsque l'esprit entreprend l'exploration d'un symbole, il est amené à des idées qui se situent au delà de ce que notre raison peut saisir. »

C'est justement cet aspect, que notre conscient ne peut saisir, qui va permettre de travailler sur les régressions durant une séance.

Le subconscient pourra exprimer sans limite des solutions et des chemins de réflexions pour résoudre les maux du clients/patients.

Le subconscient a son propre vocabulaire et son fonctionnement spécifique, comme le soulignait un autre grand homme de la psychologie, Lacan.

Tout ce qui se passera pendant une séance peut être réel ou symbolique, cela ne changera en rien la qualité de la session.

L'outil de régression aura permis, comme le rêve, d'exploiter les éléments du subconscient que d'autres leviers ne permettent pas.

Beaucoup de régressions à la cause nous entraînent dans ce type de réflexion. En effet, nous pouvons être surpris en tant qu'opérateur de la précision des éléments apportés, avec une si grande cohérence à un acte symbolique de 'commencement' du trouble.

Il m'est déjà arrivé, pour des demandes liées à une perte de poids, de découvrir un viol, comme étant l'origine du problème.

Là encore, il est important de prendre cette information avec des pincettes.

Il y a de forte chance que le souvenir ou le traumatisme soit un souvenir réel, mais il peut tout autant être un symbole fort de l'esprit pour exprimer un état.

Dans cet exemple précis, cela peut être un viol physique ou une expression du subconscient de ce que représente un viol de l'être, très possiblement moral.

En tant que praticien nous n'avons aucune possibilité de valider ou pas ce qui est exposé.

La situation ne permettant pas d'obtenir de 'vérité' aux informations qui sont exprimées, prendre l'élément comme symbolique est un moyen de se dissocier et de continuer une séance de qualité pour le client/patient.

Que vous soyez l'opérateur ou le sujet de cette expérience que ce soit à la cause d'un problème ou en vie antérieure, l'important est d'utiliser l'ensemble des perceptions.

J'aime expliquer à mes clients/patients qu'ils n'ont pas à s'interroger sur la véracité de ce qui est remonté.

Ils n'ont qu'à se laisser aller sur l'écran de leur hypnose pour voir et découvrir ce qu'il propose.

Cela retire une angoisse que de nombreux clients/patients vivent : est-ce que je vais me souvenir de quelque chose ?

Cela importe peu, il n'y a aucune importance que ce soit inventé ou réel. Ce qui se passera pendant la séance sera utile dans le processus de mieux être mis en place avec le praticien.

En tant qu'opérateur, il est important de rappeler à votre consultant, pendant votre Pretalk, ce que représente le Subconscient.

Le Subconscient est la mémoire à long terme, il représente l'ensemble des émotions et il reste continuellement en lien avec votre conscient.

Les lapsus sont souvent des preuves de ce lien.

Vous avez souvent remarqué que nous pouvons agir de façon complètement inattendue. Si nous nous interrogeons sur ces réactions, nous n'avons que peu de réponses cohérentes et conscientes. C'est notre subconscient qui a repris le contrôle pendant un court instant.

Poussons la réflexion plus loin. Vous êtes d'accord que d'ordinaire, nous ne voulons pas blesser, vexer, toucher une personne avec qui nous avons de bons rapports.

Pourtant il nous arrive dans des moments anodins, c'est-à-dire sans excès émotionnel, de dire, faire ou réagir avec des mots ou des gestes qui vont 'blesser' notre interlocuteur.

Si de façon consciente, dû au respect, à l'attention, à l'amour que nous portons à cette personne nous n'avons pas pour but de faire du 'mal' ou en tout cas de faire 'réagir', le subconscient lui exprime le fond de notre émotion.

Cela permet même de dire que rien n'est fait sans raison que ce soit consciemment ou subconsciemment.

Nous sommes responsables de notre subconscient qui garde toutes les informations depuis notre naissance.

Prenons donc en compte les mots et les comportements comme des symboles et expressions de nous-même, particulièrement dans le non-construit.

Chapitre 4 : Comment mener en Régression à la cause

Une fois que vous avez expliqué à votre client/patient que la session va être de portée symbolique, vous pourrez lui permettre de se laisser aller complètement à ses perceptions.

Vous n'avez pas à vous soucier de ce qui va se passer, mais plutôt de l'accompagner le mieux possible, pour qu'il puisse en tirer le maximum de bénéfice.

N'hésitez pas à lui préciser que la régression peut très bien se faire de manière complètement dissociée. C'est un point important qui rassure sur la croyance que l'on peut rester bloqué dans le temps.

Dans de nombreuses écoles, la régression à la cause se fait dans toutes les séances.

Jerry Kein et surtout Cal Banyan, son élève, ont mis en place un protocole en cinq points pour leurs séances.

Il fait toujours passer son client/patient par une régression à la cause.

En France, Lee Pascoe est aussi une pro-régression lors de ses séances.

D'autres écoles préfèrent commencer la thérapie par une ou deux séances « classiques » puis proposer aux clients/patients une régression.

J'applique plutôt le premier point de vue. Je pense que tout le monde remonte facilement à la cause.

La pratique m'a confirmé cette croyance et c'est vraiment étonnant de voir à quel point cette méthode apporte des réponses justes.

L'aspect intéressant de cet outil réside dans le fait, qu'en régression, les réponses obtenues correspondent avec précision aux problèmes de votre consultant.

Je sors de week-end de formation et un de mes élèves a fait cette réflexion intéressante : « Je suis toujours étonné de voir où le subconscient nous amène, alors que je pensais arriver ailleurs ».

Pendant son débriefing de séance, il explique qu'il s'attendait à 'arriver' à telle ou telle période de sa vie.

Pourtant, au moment où son partenaire finit son décompte, la première image qu'il a, n'a rien à voir avec ce qu'il pensait trouver.

La pensée est dans le Conscient, donc dans la réflexion. Le subconscient ne se plie pas à ce type de règles.

Le Subconscient apporte spontanément ce qui sera le plus utile par rapport à la demande initiale.

La demande initiale étant une suggestion faite par l'opérateur.

Maintenant définissons ce que représente une régression à la cause.

Cette méthode est basée sur l'idée de faire remonter le client/patient jusqu'à l'origine subconsciente du traumatisme.

Cette démarche permet de mener un travail sur ces moments difficiles, en apportant des informations que le conscient n'a pas reporté dans une démarche analytique.

Il y a plusieurs méthodes possibles pour arriver à mettre en place ce type de régression.

Voici celle que j'utilise le plus fréquemment :
1 - Faites descendre votre partenaire dans une station de métro personnel.

2 - Faites-le entrer dans un wagon.

3 - Faites une attente avant de faire démarrer le métro, cela lui permettra de prendre du temps pour approfondir sa transe, et lui laisser une ouverture de ses perceptions.

4 - Faites-le se diriger vers la lumière de son passé.

5 - A chaque station passée très rapidement, il verra des chiffres décroissants, correspondant au retour dans le passé.

6 - De son âge à sa naissance.

7 - Donnez des détails de l'avancée dans ce tunnel de lumière, des sensations de vitesse, de bien être, et de retour vers la base de son problème.

8 - Claquez des doigts pour signifier l'arrivée au moment clef de sa problématique.

9 – Faites-le sortir dans la station et regarder le numéro inscrit.

10 - Une fois que vous avez obtenu l'information, vous lui faites remonter l'escalier pour aller voir ce qui se passe.

Voici des éléments complémentaires sur cette démarche.

1 - Faire descendre des marches pour arriver à sa station de métro intérieure, ceci vous permet de faire un approfondissement. Prenez le temps avec votre consultant.

Je vous conseille, lors de votre mise en transe, de passer un certain temps en approfondissement. N'hésitez pas à le descendre en niveau somnambulique.

Il n'y a aucune raison de ne pas faire de régression avec des transes légères. L'expérience risque d'être plus analytique pour le client/patient.

Le métro est un transport dans un tunnel comme la ligne du temps. Cette idée de transport doit être appuyée par des suggestions positives. Une ligne neuve, personnelle, sécurisante.

2 – Avant de le faire entrer dans le wagon, n'hésitez pas à prendre un moment pour décrire la station propre, lumineuse... Il y a deux alternatives possibles au moment de monter dans le train.

Soit le faire entrer dans la cabine de pilotage. Surtout si vous sentez que votre partenaire souhaite garder le contrôle des événements, de sa séance.
Soit l'installer dans un wagon. Dans ce cas, il ne fera que suivre le fil du temps, en observant les stations défiler.

3 - Ne faites pas démarrer tout de suite la rame. Faites une attente, pour vous permettre de travailler les suggestions-objectifs.

En effet, vous lui proposez l'idée qu'il va remonter la ligne du temps. Qu'il va voir défiler le temps et que la destination de ce voyage est de retrouver l'origine de son mal. Appuyez sur le fait que le subconscient connaît parfaitement la destination adéquate pour la séance.

4 - Au démarrage du métro, faites lui remonter le tunnel de lumière. Donnez un maximum d'éléments d'avancée. Vous ratifiez aussi corporellement ce qu'il vit et vous liez ce déplacement avec un approfondissement.

Ce symbole est commun à beaucoup d'entre nous, le canal de lumière est apaisant et nous entraîne vers une découverte.

5 - Les différentes stations que vous allez passer seront similaires à la première que votre client aura découvert. Les noms des stations seront des chiffres, correspondant à des âges, des étapes de la ligne du temps.

6 - Une régression commence toujours de son âge actuel vers la naissance.

7 - Vous devez faire en sorte que cette expérience de régression soit un vrai moment de découverte le plus agréable possible. Vous pourrez lier la remontée dans ce tunnel de lumière avec une expansion de la relaxation.

8 - C'est à vous, en tant que praticien, de donner les temps. C'est lorsque vous sentez que le moment est juste que vous allez claquer entre les doigts, avec l'injonction de faire arrêter le train au bon âge, pour obtenir les informations nécessaires pour la séance.

9 - Vous faites prendre un moment pour qu'il puisse voir l'âge de la station. Puis vous l'orientez vers l'étape suivante. Vous remarquerez que certains ne parlent plus, il vous faudra travailler avec un signaling, si vous n'obtenez pas de réponse.

10 - Les marches pour sortir de la station permettent de laisser un moment pour que le client/patient obtienne ses premières sensations, images ou sons.

Voici une autre méthode qui fonctionne très bien pour mener votre partenaire dans sa régression.

1 - Demandez à votre partenaire de se souvenir d'un repas de la veille.

2 – Demandez-lui de se souvenir d'un moment agréable qu'il a vécu il y a une semaine.

3 – Demandez-lui de se connecter à une émotion positive qu'il a ressentie il y a un an environ.

4 - Demandez-lui de se connecter à l'émotion qu'il ressent aujourd'hui, qui est la source de sa problématique et de la laisser le guider à la première fois où il l'a vécue.

5 - Demandez-lui de remonter la ligne du temps, comme s'il la tirait vers lui.

6 - Faites un décompte de 5 à 1 en précisant qu'à 1 il se retrouvera dans une situation du passé qui est liée à l'origine de sa perception.

Ce type de travail nous amène très souvent à une période d'avant les 6 ans.

Il est important de noter qu'une grande partie de ce que nous vivons actuellement est une répétition de ce que nous avons assimilé avant nos six ans.

Il y a d'excellents ouvrages qui développent ce sujet. Vous pouvez notamment lire « Tout se joue avant six ans » de Dodson.

Si vous remontez à une période proche, de quelques années, n'hésitez pas à traiter cette période avec des ressources et à continuer votre remontée dans le temps.

Maintenant que la régression est mise en place et que notre partenaire entre dans cette période de découverte, nous allons voir les différents outils utilisables.

Chapitre 5 : Gérer sa régression à la cause

Revenons sur un point que nous avons déjà évoqué précédemment. Pendant toute la séance, nous devons travailler sur **la perception** que le client/patient a des scènes qu'il vous décrit.

Nous prenons le temps de transformer ses perceptions. Gardez à l'esprit que rien ne peut être pris comme **'réel'**. Sa perception, par contre, elle l'est.

Les perceptions deviennent les moteurs de notre séance. Elles nous permettent de faire avancer notre sujet vers son mieux être.

Nous allons décrire les différentes étapes utiles pour la régression :

1 - Mettez en place une dissociation.

Vous permettez à votre partenaire de percevoir la scène ou les événements à distance. Vous pouvez dissocier en faisant une vue décalée, au dessus, en dessous, dans d'autres angles de vue... en rappelant qu'il est protégé, qu'il est venu prendre des informations et qu'il a la force de l'Homme ou la Femme d'aujourd'hui.

Cette étape revêt une grande importance. Vous n'êtes pas sans savoir que pendant une régression, il est possible que votre client/patient retourne à un moment clef de sa vie.

Cet événement peut être le déclencheur de ses traumatismes et de ses maux.

J'en profite pour faire une digression. J'ai très souvent eu dans mon cabinet, et c'est également le cas pour de nombreux membres de HnO, des consultants traumatisés par des séances chez des thérapeutes et souvent des hypno-thérapeutes.

Les personnes viennent pour une séance sur le poids ou la cigarette et ressortent avec le souvenir d'un viol. Nous savons que cela peut arriver et être le déclencheur de l'addiction par exemple.

Il est de notre devoir de faire en sorte que les souvenirs et mémoires, qui vont être découverts, soient parfaitement gérés par le client/patient.

Il n'est pas correct ni même acceptable que nous ne protégions pas nos consultants.

Si vous tombez sur une épreuve de vie que le subconscient a, pendant des années, mise de côté et qu'il accepte dans la dynamique de transe de lâcher le traumatisme, il est impératif de s'assurer sur plusieurs séances que cela à été correctement traité.

Dans le cas de la régression il est important de ne pas réactiver de manière trop violente l'ancrage émotionnel associé au traumatisme, la dissociation est un élément facile à mettre en place pour mieux gérer ces situations.

Gardez votre objectif en tête c'est essentiel. Nous allons à la recherche des causes ou des déclencheurs.

2 – Une fois votre partenaire en pleine régression, vous pourrez constater que ses descriptions peuvent varier.

Voici deux perceptions courantes :

a – Il est associé, il parle au présent et revit ses émotions pleinement.

Même si vous avez proposé la suggestion de dissociation, certains consultants arriveront dans la scène, associés.

Gardez en tête qu'à n'importe quel instant vous pouvez lui proposer de mettre de la distance, comme le faire aller dans une salle de cinéma, par exemple.

Je vous conseille de bien le suivre pour qu'aucune émotion ne puisse le blesser d'avantage.

J'ai étudié qu'habituellement pendant les Transes Hypnotiques, nous ne vivons que modérément les retours émotionnels.

Je ne suis pas d'accord avec cette information.
Je suis certain que vous connaissez le principe de l'abréaction.

Les abréactions sont des réactions émotionnelles intenses et parfois très violentes. Vous pouvez voir votre client/patient entrer dans une transe active.

J'ai travaillé de nombreuses fois en Auto Hypnose. Il m'est arrivé à deux reprises de vivre des régressions tellement violentes, pleinement associé, que j'en ai vomi.

En Auto Hypnose, nous n'avons pas la chance d'avoir un opérateur qui nous surveille et qui nous « protège » de certaines émotions ou douleurs.

Profitez donc de votre statut de praticien, pour protéger le plus possible votre partenaire.

L'autre façon de vivre sa régression est la suivante.

b – Votre partenaire voit la scène de l'extérieur, de façon dissociée. Il peut parler de lui-même à la troisième personne. C'est un récit très descriptif. Vous pouvez facilement l'interroger.

Parfois il faut un peu de temps pour qu'il puisse vous donner des détails. N'ayez crainte, laissez sa perception lui parvenir.

Vous observerez que son conscient peut intervenir avec des réflexions comme :

« Je ne comprends pas pourquoi je me retrouve ici »
« Je me souviens de cette épisode »
« C'est bizarre, je ne sais pas si c'est moi qui imagine ou si je suis vraiment en régression »

Ce n'est pas parce que le conscient montre le bout de son nez que le client/patient sort de sa transe.

Au pire cela pourra vous permettre de faire un fractionnement et de prendre ses remarques comme des outils pour approfondir la transe.

De nombreux praticiens attendent de la régression le descriptif d'une aventure incroyable. Le partenaire devrait nous faire un film du genre « Retour vers le Futur ».

Les Transes ont mille facettes, personne ne vivra les régressions de la même façon.

3 – Une fois que le client/patient se retrouve dans la scène n'hésitez pas à poser de nombreuses questions, type :

— Est-ce qu'il fait nuit ou jour ?
— Est-ce qu'il est à l'intérieur ou l'extérieur ?
— Est-ce qu'il est seul ?
— Comment ressent-il son corps ?
— Quelle émotion vient en premier ?
— Que se passe-t-il ?

Vous remarquerez que certains partenaires arrivent dans une scène plutôt anodine. Rien de spécial au premier abord.

C'est là que vos questions vont avoir de la valeur. Si vous devez ne garder qu'une chose en tête c'est la problématique du client.

J'ai eu un client/patient qui venait pour des troubles alimentaires. En régression, nous sommes arrivés à un dîner de son enfance.

Tout semblait normal. Seulement en posant quelques questions, il m'explique que la télévision est allumée.

C'est très courant dans les familles et cela ne peut pas expliquer des compulsions. Plus je le poussais à me donner des précisions sur ses émotions et plus son subconscient nous offrait des pistes, des réponses.

Il s'est avéré que le seul rapport et échange qu'il pouvait avoir avec sa mère, hypnotisée par la télévision, était de demander continuellement des portions supplémentaires.

Cette scène de vie quotidienne, certainement cumulée à de nombreuses autres, allait nous apporter un chemin pour mettre en place des ressources salvatrices.

N'ayez de cesse de vous dire et d'expliquer à vos consultants que la régression n'est en aucun cas la vérité sur une problématique. C'est juste un des aspects possibles du mal.

Nous sommes des êtres complexes. Notre subconscient nous entraîne vers certains chemins pour avancer.

J'ai une perception très personnelle de l'intelligence du subconscient. Beaucoup de mes confrères estiment que ce dernier trouvera ce qui est bon et positif pour nous.

J'ai une constatation différente. A mes yeux le subconscient est pleinement capable d'être destructeur.

En restant dans le thème qui nous concerne, les régressions, il peut nous emmener dans des traumatismes importants, dans un but d'auto-sabotage.

Certains dépressifs ont parfois cette façon de fonctionner. Ils restent fixés sur l'idée qui leur est revenue en séance, comme une confirmation de leur état.

Cette réflexion n'est aucunement académique, c'est une observation empirique que j'ai eu au travers de ma pratique.

4 - Travaillez sur la mise en place de ressources pour permettre de modifier les perceptions de la régression 'traumatique'.

Le subconscient propose un chemin pour résoudre la problématique client.

C'est une réponse possible qu'il va falloir traiter, afin peut-être, d'obtenir d'autres indices. Plus vous cumulerez les informations, plus vous pourrez travailler en profondeur.

Vous placez le client/patient dans le rôle d'un metteur en scène de l'événement. N'hésitez pas à l'orienter dans cette dynamique.

La métaphore du metteur en scène est très facilement assimilable. Pour les clients les plus technophiles, vous pouvez les faire imaginer sur leur ordinateur ou tablette en train de monter une vidéo.

Les consultants peuvent se retrouver comme des enfants choqués qui ont été pris dans un flot d'événements, incapable de réagir à la situation.

Dans le rôle de metteur en scène ils vont pouvoir changer la perception de l'instant.

Certains sujets vous diront qu'ils ont déjà travaillé sur cet aspect du problème avec leur psychologue.

La démarche analytique a de nombreux avantages, mais travaille beaucoup avec le conscient. Le subconscient est souvent mis de l'écart, en Hypnose nous travaillons principalement sur cette partie de l'esprit.

Avec votre partenaire dans son rôle de metteur en scène, vous utiliserez une technique classique de Programmation Neuro Linguistique : **les submodalités**.

Faites-lui traiter la scène derrière la caméra, ce qui permettra dès le départ une dissociation supplémentaire. En fonction de ce qu'il décrit vous pouvez le faire travailler sur une scène active ou une image fixe.

N'oubliez pas de jouer sur l'ensemble les canaux sensoriels de votre client/patient.

Le travail en submodalités entraîne une déformation de la perception des scènes et images. Plus vous réussirez à lui faire varier les composantes de l'événement plus vous permettrez un changement émotionnel.

Prenons un exemple simple. Vous avez peur des araignées. Si je vous demande d'en imaginer une, il y a des chances pour que vous ne soyez pas à l'aise.

Prenez un instant pour noter sur une échelle de 1-10 ce malaise.

Maintenant imaginez que vous transformiez cette araignée. Vous la faites devenir multicolore et toute petite comme si vous ne pouviez plus voir l'insecte, que se passe-t-il ?

A cela rajoutez des claquettes à chaque patte de l'animal et faites-lui chanter du Ray Charles.

Votre perception de la même image change et par ce fait votre émotion également. Quelle est votre émotion ?

En Transe, nous sommes dans un souvenir ou une création mentale. Il n'y a rien qui nous empêche de changer ce que nous construisons.

Vous avez déjà remarqué que de nombreuses fois, la famille raconte des histoires à notre sujet, dont nous n'avons aucun souvenir.

Avec les années, cette histoire devient tellement précise dans notre esprit que nous pouvons donner des détails dessus. Et pourtant initialement, nous ne nous en souvenions plus.

Nous ne l'avons vécu que par la mémoire des autres. Petit à petit nous nous sommes persuadés de sa véracité.

Le travail en submodalités fonctionne sur des logiques semblables.

N'hésitez pas durant votre Pretalk (conversation avant de débuter votre séance), de faire ce type d'analogie. Cette petite explication fera sauter de nombreux freins de la part de votre consultant.

Un autre outil, pour mettre en place les ressources, consiste à faire intervenir votre VOUS d'aujourd'hui dans la scène.

Pour le metteur en scène, cela devra suivre une suggestion type 'Vous pouvez maintenant inclure à cette scène, une personne qui pourra vous protéger et vous apporter des solutions parfaites pour vous... certainement le vous d'aujourd'hui.'

L'une des plus importantes ressources que nous ayons est nous-même.

La réaction que vous aviez pu avoir, quand vous n'étiez qu'un enfant, pourra être mieux comprise et gérée différemment avec votre attitude et votre attention actuelle.

N'hésitez pas à faire imaginer la scène traumatisante avec l'intervention de l'adulte qu'il est aujourd'hui, en l'interrogeant sur sa manière de voir les événements et les actions qu'il aurait mises en place s'il avait pu le faire à cet instant là.

Instaurez un dialogue entre les deux, une fois que la scène a été transformée.

La dernière étape est celle de la **réconciliation intérieure**.

5 – J'utilise fréquemment le Ho'Oponopono pour gérer cette partie de séance. Suite à des échanges avec Irn, qui l'incluait toujours dans sa méthode, j'ai trouvé cette idée excellente et facile à mettre en place.

Proposez donc aux deux parties, la présente et la passée, quatre choses.

1 - **S'excuser l'un et l'autre.** S'excuser de ne pas avoir pu réagir autrement, s'excuser d'avoir gardé le poids de ses maux pendant tant de temps ...

2 - **Se Pardonner.** Accepter les excuses et se pardonner. Nous avons une capacité à nous porter rancune à nous-même. Se pardonner c'est accepter d'être faillible et humain.

3 - **Se remercier.** Pour la démarche que nous mettons en place. Pour être à la fois ombre et lumière.

4 - **Se dire qu'on s'aime.** L'amour est l'émotion la plus apaisante qui puisse exister. Nous attendons souvent un type d'amour des autres. Alors que nous avons le type d'amour qu'il nous faut, en nous.

Cette phase est très importante dans la régression. Elle apporte une acceptation de ce qui fut et qui a pu déclencher des émotions.

Une fois que vous percevez un mieux être et que vous avez la confirmation de votre partenaire. Vous pouvez demander à son Subconscient, **quel est le but de cet apprentissage.**

Vous n'obtiendrez pas toujours de réponses. Pour certains il faudra le temps de digérer l'ensemble des actions que vous avez mis en application pendant la séance.

J'ai vu des apprentissages vraiment très beau. Une cliente/patiente qui avait autour de 70 ans, me dire qu'elle a vécu ses maux, pour apprendre à donner de l'amour aux autres.

Il y a de nombreuses techniques, en fonction des écoles, que vous avez étudiées.

Il est important de garder une interaction avec les partenaires. Les écouter et accepter aussi les limites de l'expérience.

J'ai eu le cas, une fois, d'une personne qui après être remontée à l'âge de dix huit ans et puis à l'âge de six ans, me dire que ça faisait beaucoup de choses à gérer en une séance.

Je l'ai sortie de transe en mettant un ancrage pour revenir à ces points ultérieurement et lui permettre d'intégrer l'excellent travail qu'elle avait fait.

Chapitre 6 : Retour de régression

Vous pouvez utiliser les régressions, soit en séance complète, soit sur une petite partie de votre consultation. Vous pourrez les mêler avec vos méthodes habituelles.

Faites, par exemple, évoluer votre partenaire au travers d'une thérapie métaphorique, tout en l'entraînant vers une régression à la cause.

Des consultants peuvent avoir peur de ce mot 'régression', ou construire des résistances à retourner dans le passé.

J'ai eu le cas d'une jeune femme qui venait pour une très grande anxiété. Quand je lui ai proposé de faire une régression, elle a eu un langage corporel très expressif.

Nous avons fait un schéma classique et elle ne voyait jamais rien. Elle ne voulait absolument pas remonter dans le temps.

J'ai suivi sa résistance et je lui ai fait ouvrir les yeux pour travailler dans un style provocatif, axé sur un autre thème.

Dans mon discours, je lui demandais de s'imaginer dans le futur. Puis je lui demandais ce que la petite fille qu'elle était imaginait du futur.

Avec quelques aller-retour dans le futur et le passé, je lui demande l'air de rien, si cette petite fille était anxieuse et pour quelle raison ? A ce moment là, sans résistance elle a commencé à me décrire la scène qui l'a marquée.

Nous étions parvenus à une régression en mode conversationnel/ provocatif.

La régression est une technique très flexible.

Après avoir effectué votre session, il ne vous reste plus qu'à ramener le sujet dans l'ici et maintenant.

C'est très simple, il vous suffit de faire la démarche inverse à la descente du temps que vous aviez appliquée.

J'ai fait le test de ramener rapidement des clients/patients. La plupart du temps, ils prennent un temps assez long pour se réassocier. Je ne vous le conseille donc pas.

Vous avez marqué des étapes pendant la descente, cela vous donnera des repères pour le retour.

De plus vous pourrez confirmer que le travail a porté ses fruits.

Que ce soit avec le métro, ou avec les bons souvenirs, cela permet aussi de repasser par une phase de bien être.

N'oubliez pas qu'il y a du travail qui a été fait et que même si votre partenaire se sent apaisé, il y a eu du mouvement émotionnel.

Certaines personnes sont très perturbées par l'expérience. Prenez toujours un moment pour répondre aux questions et donner des suggestions constructives en post-hypnotique.

Une des questions qui revient le plus fréquemment, est de savoir si c'était vrai ou juste imaginé.

Pendant la séance le conscient rajoute des détails liés à des souvenirs, le consultant se trouve perdu dans l'expérience en se demandant si c'est une invention ou une « réalité ».

Je me souviens d'une fois où Xteen, suite à une régression en vie antérieure, est revenue en expliquant que les premières minutes de sa régression, elle était vêtue d'un Jean.

Hors, à la période qu'elle a revisité, les jeans n'existaient pas.

Après un moment dans sa Transe tout est devenu « cohérent ».

Il y avait donc un 'conflit' entre les images subconscientes et les logiques conscientes de l'ici et maintenant. Ce genre d'exemple peut faire douter de leur séance, à certaines personnes rationnelles.

Il ne faut pas hésiter à confirmer pendant le retour que tout ce qui a été perçu va être bon et positif pour avancer vers l'objectif fixé.

Cette sortie de Transe est un moment de réconfort que vous pouvez utiliser pour renforcer le travail que vous avez fait au travers d'un échange en conversationnel.

Et si maintenant nous remontions un peu plus loin.

Chapitre 7 : Des vies Antérieures ?

Vous avez compris que pour moi la notion de vie antérieure a une réalité très relative, par contre, une symbolique réelle.

Au sein des traditions Hindouistes et Bouddhistes, il y a un enseignement qui indique que nous sommes des êtres incarnés pour une vie.

Dans cette vie nous apprenons des choses et nous devons vivre des expériences. Le cumul de ces expériences sera mis en balance positif-négatif à la fin de notre vie. En fonction du résultat, nous nous réincarnerons dans une vie meilleure ou pire.

Il y a un principe d'actions-réactions, qu'ils nomment Karma. Tout acte a une conséquence, ce qui inclut le fait que si nous n'avons pas de retours de nos actes dans cette vie, nous les aurons dans une vie future.

D'autres traditions développent l'idée que nous choisissons notre Incarnation et que nous devons valider dans cette vie des connaissances et des expériences.

Dans ce cas, rien de ce qui nous arrive dans notre vie n'est dû au hasard et nous sommes créateurs de nos situations par les choix post incarnation et ceux de notre vie présente.

Nous pouvons donc nous réincarner pour vivre une mort prématurée, une maladie, mais aussi le succès, la richesse...

Il est dit que nous devons expérimenter un ensemble d'expériences pour devenir complet.

Plus nous vivons de vie et plus nous avançons dans notre quête.

Cela explique pour certains, que des enfants puissent donner des indications sur des lieux, des faits historiques alors qu'ils ne les ont pas étudié.

C'est comme s'ils étaient encore connectés à leur vies passées.

Vous devez passer un certain temps pour proposer le postulat de départ.

Il n'est pas question d'adhésion à une doctrine ou une croyance.

Faites simplement le point sur ce que de nombreuses civilisations reconnaissent comme une manière de vivre.

C'est avec cette « croyance » et cette logique, de passer d'une vie à une autre, que le principe de régression en vie antérieure c'est développé.

Chapitre 8 : Retour vers une autre ère ?

Nous avons vu, plus tôt, la méthode pour remonter à la cause. Le processus initial est réellement facile à appliquer.

Il est simple de faire retourner des partenaires dans un passé.

Sur le même principe, nous allons guider notre partenaire vers une vie antérieure.

Récemment, une dame m'expliquait qu'elle ne parvenait pas à remonter dans une vie passée.

D'expérience, j'ai constaté que tout le monde est capable de vivre cette expérience.

Il se peut que le problème à traiter soit vraiment lourd. La régression en vie antérieure n'est peut être pas le meilleur outil disponible.

N'oubliez pas que nous devons rester souples et nous adapter à notre partenaire. Les régressions apportent beaucoup de solutions mais ne sont pas la panacée.

On peut les utiliser à toutes les séances, mais cela ne résoudra pas l'ensemble des problématiques.

La procédure de départ pour les vies antérieures est assez similaire à une régression à la cause.

Il est nécessaire de faire retourner le client/patient jusqu'à sa naissance.

Il est important de prendre quelques précautions pour ce voyage dans le temps.

Première chose, tout le monde ne se laissera pas aller vers la période intra-utérine ou de pré-naissance.

Prenez en considération que si le subconscient ne passe pas par cette étape lors d'une régression, il est possible qu'il protège le consultant d'un traumatisme perçu à ce moment là.

Si votre objectif et celui de votre client/patient est de 'vivre une régression en vie antérieure', vous n'avez pas à orienter votre séance pour le traitement de cette période, le subconscient peut occulter ce moment.

D'un point de vue professionnel et sachant que nous sommes en interaction avec notre partenaire, je vous conseille de ne pas hésiter à lui dire et lui proposer de travailler dessus.

Nous ne sommes pas dans un monde 'robotisé' et il est important de bien observer les différents éléments que nous propose le subconscient du sujet.

Un second cas de figure dans ce processus peut être une abréaction très violente.

Il ne faut pas hésiter à mettre de nombreux fusibles pour éviter ce type de remontées émotionnelles.

Vous comprenez bien que si cela est aussi violent c'est qu'il y a, là encore, un travail à effectuer.

Certains ne percevront aucun élément de cette période. Pour notre démarche cela n'a aucune importance.

Quand vous mettez en place une régression progressive, vous marquez le leading sur le partenaire. Ce dernier montrera une réponse à vos suggestions.

Si vous avez 'peur' de ne pas réussir à faire remonter votre partenaire, gardez en tête deux choses.

1 - Nous ne sommes pas les responsables de ce que le consultant va accepter de vivre ou pas.

2 - Les étapes de régressions permettent une qualité d'approfondissement, vous pourrez rebondir sur d'autres techniques s'il le faut.

Maintenant que nous avons un panel de réactions possibles reprenons les étapes que nous connaissons.

1 - Faites revenir un moment agréable ou un repas de la veille.

2 - Faites revenir un moment agréable ou d'un repas d'il y a une semaine.

3 - Faites revenir un moment agréable ou un repas d'il y a un an.

4 - Faites revenir un moment agréable ou un repas d'il y a dix ans.

5- Faites revenir un moment agréable ou un repas avant 5 ans.

6 - Faites retourner à un moment agréable dans le ventre de sa mère.

Vous remarquerez que les temps pour régresser varieront en fonction du partenaire.

Nous trouvons différentes manières de gérer la session. Lee Pascoe est très douce et laisse le temps pour le client/patient de retrouver les choses.

Jerry Kein, lui, va très vite ce qui empêche de laisser trop revenir le Conscient, et permet la libre expression du Subconscient.

Pour ma part, je prends un temps plus long pour l'approfondissement de mon partenaire.

Je constate que plus le client/patient est 'barré' dans sa transe et plus les étapes se déroulent rapidement.

Il m'est déjà arrivé de faire remonter en vie antérieure en moins de cinq minutes. Dans ce type de démarche, cela peut paraître très court. Cela dépendra beaucoup de votre client/patient.

Maintenant que vous avez le 'point de départ' de la vie actuelle, vous pouvez passer à la seconde étape de la régression.

Il est important pour la séance que vous réconfortiez et sécurisiez le sujet au maximum. Dans cette découverte il doit se sentir dans un climat de confiance.

Quand vous avez constaté que votre sujet est dans l'étape intra-utérine, pré-naissance, vous pouvez continuer.

Vous avez aussi la possibilité d'entraîner votre client/patient dans un travail d'imagination, qu'il fasse comme s'il était dans le ventre de sa mère.

Vous savez déjà que certains ne 'verront' rien de cette période de vie, cela n'a d'ailleurs aucune importance pour le succès de votre travail.

Quand vous êtes remonté le plus tôt possible dans cette vie, vous pouvez faire passer le consultant dans sa vie antérieure.

1 - Construisez un couloir de lumière qui va l'attirer. Vous pouvez reprendre l'image de la colonne de lumière qui fait remonter l'esprit vers sa source.

Si vous avez lu et étudié les NDE, n'hésitez pas à reprendre les images que les expérimentateurs ont décrites. Il y a une description quasiment universelle de cette 'sortie' de corps lors de la mort.

2 - Suggérez que votre compte de 1 à 20 va lui permettre

de se dissocier de la vie qu'il a présentement incarnée. Ce décompte est vraiment important pour conduire à bien cette séance. Le client/patient va pouvoir se connecter avec ce qu'il voit, ressent ou perçoit. N'hésitez pas à contrôler régulièrement ce qu'il vit et à orienter les suggestions.

Mettez en avant un ensemble d'éléments rassurants. Appuyez-vous sur le symbole de la lumière.

3 - Au chiffre 20, faites-lui imaginer la porte du temps et des vies. Vous pouvez lui faire confirmer sa perception et, éventuellement, vous la faire décrire.

Ces passages sont choses courantes dans de nombreuses civilisations. L'image de la porte est porteuse de force et de transition d'un monde à un autre.

4 - Créer une attente devant cette porte. Ce moment lui permettra de se familiariser avec la situation et il se projettera dans la découverte qu'il va vivre.

Faites des suggestions et un seeding important de cause à effet : 'Tu es devant cette porte, donc tu sais que tu vas passer dans une vie précédente'.

Faites-lui confirmer verbalement qu'il est prêt à passer de l'autre côté. Rappelez-lui que ses perceptions pourront être visuelles, kinesthésiques, auditives, gustatives, olfactives.

Donnez-lui confiance, dites-lui qu'il n'a pas besoin de visualiser, simplement laisser remonter les informations telles qu'elles se présentent à lui.

Après une dernière validation de ce choix de voyage en vies antérieures :

5 – Faites-lui traverser la porte. Vous pouvez laisser quelques instants de silence. A mon avis il est préférable de rapidement enchaîner les questions. Vous pourrez dès lors obtenir un maximum d'informations sur la situation, la période, les conditions diverses.

Vous allez vous retrouver dans un monde inconnu. C'est un moment d'échanges important entre vous l'opérateur et le sujet.

Si votre partenaire vous semble très rationnel à cette étape n'ayez aucune crainte. Il y a parfois un certain temps pour complètement entrer dans ce monde.

Vous devez seulement vérifier que son langage corporel n'est pas baigné dans un malaise ou une tension importante.

Vous pouvez alors mettre en place le travail pour lequel vous êtes venu dans cette vie.

Notez également que ce processus pourra être réutilisé pour faire passer d'une vie à une autre, dans le cas où vous cherchez à avancer sur certaines questions.

Chapitre 9 : La visite du passé

Nous sommes parvenus à passer la porte du temps et des vies. Nous sommes maintenant prêts à devenir des explorateurs.

Tout le travail va s'articuler désormais autour des perceptions et des informations que votre consultant va vous donner.

Un objectif pour les praticiens : **les faire parler**.

Vos outils seront dans un premier temps similaires aux régressions à la cause : **les questions**.

1- Fait-il nuit ou jour ?

2- Es-tu seul ou avec du monde

3- Es-tu un homme ou une femme ?

4- Quel est ton âge ?

5- Quel est ton prénom ?

Définissez rapidement ce qu'il se passe. Il se peut que la première scène qui arrive, lors de votre retour dans cette vie, soit au cœur de l'action.

Nous devons être prêt à de nombreux cas de figures et toujours veiller à l'équilibre du bien être de notre partenaire.

Nous pourrons par exemple nous trouver dans des situations suivantes :

- Avant de mourir.
- Au cœur d'une scène traumatisante
- Dans un lieu plein de calme
- Dans une émotion difficile
- Dans un instant 'incompréhensible'

Plus nous travaillons avec notre sujet et plus les choses vont devenir claires. Par contre, nous devons l'orienter au maximum. Nous sommes à l'extérieur de la scène et cela nous donne un regard plus posé sur la situation.

Des clients/patients me disent régulièrement qu'au début ils ne percevaient rien, puis petit à petit les choses ont pris forme.

C'est un élément sur lequel vous pouvez insister durant le prétalk.

Vous allez pouvoir lui rappeler que l'interaction que vous mettez en place peut être verbale et également physique. J'ai une de mes cliente/patiente qui est assez extraordinaire dans ses régressions.

En général, les personnes sont assez passives, elle, à l'inverse, n'arrête pas de bouger, elle me mime tout ce qu'elle est en train de vivre.

Le langage corporel, même très léger, a une grande importance. Vous n'avez pas à connaître tous les travaux de Ekman, mais le visage pourra facilement vous montrez si c'est du bien être ou du mal être.

Passez du temps à la 'prise de conscience' de la période avec l'ensemble des sens de votre partenaire.

Vous remarquerez que certains vont changer leur canaux de perceptions pendant la vie antérieure, un visuel peut devenir un kinesthésique, ce qui met un temps pour être assimilé.

Le ton de la voix pourra être différent. Restez serein si les réponses sont très rapides à chacune de vos questions. Comme si tout était 'normal'

A l'inverse votre partenaire peut mettre un certain temps à répondre à vos questions. Ses perceptions peuvent être assez floues. Ne le laissez pas douter, simplement proposez-lui d'imaginer ce qu'il peut percevoir.

Avec l'ensemble des éléments que vous avez capté, gardez en tête l'objectif de votre partenaire pour orienter vers la résolution du problème.

Une erreur serait de se laisser complètement entraîner dans ce monde, sans trouver des points de référence pour avancer.

Les liens entres les informations et les symboles qu'ils représentent font partie intégrante de notre travail. C'est d'ailleurs pour cela qu'il est intéressant de se pencher vers notre histoire philosophique et psychologique. Ces thèmes peuvent grandement vous aider dans votre pratique.

Si vous sentez que la séance n'avance pas dans la période décrite ou que la scène entraîne une souffrance, vous pouvez mettre en place des sauts dans l'espace temps.

C'est de votre responsabilité de juger si la période vécue peut faire avancer le patient/client ou s'il faut réorienter vers une autre période de cette vie qui apporterait davantage de réponses pertinentes vis à vis de notre objectif.

Il se peut que la réponse se trouve :

- Dans la mort et les réflexions de cette fin de vie.
- Dans la période pendant laquelle vous avez vécu.
- Les relations que vous avez eues.
- L'apprentissage que vous avez fait.

Votre client/patient peut même passer d'une vie à une autre.

Si vous voyez que votre partenaire commence à vous décrire une toute autre perception, vous reprenez vos questions et vous reprenez votre travail initial.

Gardez confiance et suivez votre client/patient.

Ces cas restent assez rares. Si vous avez suffisamment 'seedé' et donné de suggestions lors de la remontée dans le temps, la période sur laquelle vous allez travailler est la période juste.

Maintenant que nous sommes dans cette vie, quelles sont les outils pour accomplir la 'mission' de séance ?

Chapitre 10 : Les outils pour les vies passées

Vous avez en tête une problématique bien définie pour être parvenu dans les régressions en vie antérieures.

Nous allons chercher les réponses les plus précises possibles.

J'ai eu un client/patient qui avait pour but de comprendre sa relation difficile avec son frère.

Lors de sa régression, il s'est retrouvé dans une ville du 19ème siècle en train d'échapper à un vol qu'il avait commis.

Je l'ai suivi pour voir où il allait arriver. Mon partenaire entra dans une maison et me donna tous les détails de la pièce, des odeurs, de l'ambiance.

Il avait un accent assez particulier quand il me décrivait son vécu.

A mes questions sur les raisons de vivre cette période, il marqua un arrêt quelques instants, son visage montrait une certaine crainte.

Sa réponse au sujet de cette frayeur se synthétisait en ces quelques mots : 'il arrive'.

La scène subconsciente qu'il me décrivait était de plus en plus précise et les émotions qu'il vivait, me donnaient de nombreuses indications sur ce que représentait ce fameux 'IL'.

Rapidement nous avons fait le lien entre 'IL' et le frère du sujet. Le ressenti et la peur de ces deux personnes étaient similaires pour le sujet.

Cette association permit de percevoir les problèmes de la relation actuelle. Le 'IL' représentait son père dans cette vie passée qui le persécutait.

Après avoir vu les différentes possibilités qu'il avait dans cette scène du passé, il prit la décision de tuer le père.

L'acte symbolique eut un impact extraordinaire dans sa vie présente.

Dans beaucoup d'écoles d'Hypnose, la 'position basse' du praticien est recommandée, afin d'éviter de trop orienter le client/patient.

Dans cette pratique de vie antérieure, si nous laissons le subconscient de notre partenaire en liberté, on peut rapidement ressentir du malaise, du stress, de l'angoisse se développer.

Nous allons dans un premier temps lui permettre de verbaliser et d'exprimer ses émotions au maximum.

Souvenez-vous, cette dissociation en vie passée permet une acceptation plus puissante de nombreux d'événements. Vous remarquerez que beaucoup reviennent dans l'ici et maintenant en oubliant en partie ce qu'ils ont vécu pendant cette expérience.

Voici donc quelques outils possibles :

1- La question et la suggestion directe.

Notre objectif de séance peut être atteint en faisant un parallèle de cette vie avec celle de l'instant présent.

Cette technique de 'réponses parallèles' va permettre de décanter la situation.

L'opérateur dirigera cette partie de session avec des suggestions directes du type :

' Vous allez retourner dans une scène qui donnera une indication de ce que vous vivez aujourd'hui'

' La première sensation que vous vivrez vous permettra une meilleure compréhension de votre vie actuelle'

Les réponses du subconscient à ces demandes sont très souvent immédiates. Votre partenaire va se retrouver à un autre moment de sa projection et va découvrir des réponses ouvrant le chemin vers un profond apaisement.

Nous pouvons être étonnés des réponses qui jaillissent suite à cette simple orientation du subconscient.

Vous constaterez que les indices et ressources conviendront à merveille à votre sujet.

2 - Les 'étapes clefs d'apprentissage' ou le 'Teaser'

Le principe est le même que précédemment. Vous allez demander au subconscient de vous donner les grandes lignes de cette vie là. De la naissance à la mort.

A chaque étape sur laquelle vous vous arrêtez, il vous suffit de demander l'apprentissage que 'l'âme' a acquis.

Cette étape va permettre de brosser un tableau complet de la vie de votre consultant. Et surtout de travailler avec la conclusion de cette vie.

Cette conclusion est un peu un 'best of' des apprentissages et des choses que l'on souhaite remettre en place, dans une prochaine vie.

3 - L'émotion résiduelle.

Vous pouvez travailler sur 'l'émotion résiduelle' de cette régression.

Quand nous mourons, en fonction des situations, nous pouvons porter en nous une émotion qui se retrouvera comme récurrente dans notre présent.

J'ai vécu en régression un phénomène intéressant sur l'émotion de la colère.

La dernière scène que je vivais, se passait sur un champ de bataille.

Pendant une période où les guerres entre villages se faisaient régulièrement, le bourg dans lequel je vivais n'avait pas pris au sérieux l'alerte d'une invasion imminente.

Quand la bataille commença, presque tout le village se fit décimé et je finis par me faire trancher la tête.

Au moment de l'impact et quand je suis sorti de mon corps j'étais plein d'une émotion très forte d'injustice et de colère.

L'objectif de séance portait particulièrement sur les raisons de colère que je gardais en moi.

'L'émotion résiduelle' peut s'imprimer symboliquement dans notre subconscient. Revivre une vie qui pointait particulièrement sur ces deux thèmes, m'a permis de comprendre ce qui aujourd'hui me réactive cette émotion.

Il y a, dès lors, une possibilité de faire un recadrage dans la vie présente.

Cet outil est très proche d'un travail fait dans certaines écoles d'hypnose et dans d'autres disciplines au travers de la mémoire cellulaire et du transgénérationnel.

4 – 'Le Maître du Futur' :

Nous l'avons déjà vu précédemment avec les régressions à la cause, l'outil de PNL sur les submodalités est très performant pour diminuer l'impact émotionnel d'une scène.

En effet, autant dans les régressions dans cette vie présente, certaines personnes sont en résistance à un changement de perception d'un acte passé, autant pour une vie antérieure, ce frein est quasi inexistant.

Toutes les images d'une vie 'redécouverte' peuvent être plus facilement modifiées. La couleur, la forme, la taille, les sonorités, tout peut être changé.

Comme nous associons cette période de régression à une émotion ou un travail sur soi, l'impact que nous allons construire dans la tête va donner des retours dans les actes.

C'est ce que les fondateurs de la PNL soulignent souvent, ce que nous transformons dans notre tête, se transforme dans les perceptions que nous nous faisons de la réalité.

Nous avons bien expliqué en prétalk que tout cela était symbolique.

Il est donc possible d'aller même encore plus loin en changeant les choix et les chemins de vie de cette période.

Cette technique du 'maître du futur' est un excellent moyen de faire sortir votre partenaire d'un blocage du présent.

Vous allez mener votre partenaire dans des choix qui lui permettront de trouver des ressources.

Quand vous arrivez dans un moment clef de la vie du sujet qui fait résonance avec sa problématique, vous pouvez lui demander de transformer la perception de cet instant ou de choisir un chemin qui pourrait impacter sa vie, son caractère, son être.

Vous allez même pouvoir modifier l'ensemble des éléments qui apportent des problèmes. Il est impératif qu'il y trouve une réponse qui l'apaise dans cette vie.

Appuyez bien la suggestion que l'apprentissage se passera de vie en vie et que tout va sembler plus clair et plus léger dans l'ici et maintenant.

Cette substitution et cette capacité à prendre de nouveaux chemins, à retrouver des ressources fortes, permettent un grand levier, particulièrement avec les dépressifs.

Ils ont l'habitude d'estimer que la vie qu'ils vivent est sans espoir, qu'ils subissent et que, quoi qu'il arrive, rien ne changera.

Dans les régressions, ils sont de nouvelles personnes, avec une vie parfois plus complexe et pourtant ils s'aperçoivent de nombreuses capacités et qualités de cette facette d'eux mêmes.

Quand vous les faites agir comme les Maîtres du Futur, vous proposez à leur subconscient, la possibilité de choisir et d'avancer.

Certains de vos consultants seront absolument convaincus de la véracité des vies antérieures. C'est une possibilité de changement extraordinaire. Ils pourront trouver de nombreuses forces et qualités qu'ils n'ont pas exploitées aujourd'hui.

5 – Le 'Power Up' :

Cette méthode est assez proche du principe de modélisation que nous retrouvons en PNL.

Nous allons pouvoir prendre les qualités de 'nous-mêmes' dans cette vie antérieure.

Si par exemple, le sujet est particulièrement fort mentalement dans sa vie antérieure, vous pouvez lui permettre de récupérer cette capacité.

En effet, si votre subconscient estime que vous avez pu avoir cette force dans le passé, vous l'avez certainement limitée dans cette vie présente.

Si les consultants sont certains des vies antérieures, pour eux ça ne sera pas une expression des capacités cachées de soi, mais plutôt d'une force qui est restée dans l'âme et qui n'a pas été ramenée dans cette vie présente.

Faites un ensemble de travaux pour capitaliser les capacités acquises et validez cela avec un ancrage kinesthésique et sonore, comme le nom qu'il porte à cette période par exemple.

Vous pouvez à la guise dissocier ou associer des scènes, des émotions, des qualités, des compréhensions, dans l'unique but d'exploiter au maximum le mieux être de votre partenaire.

L'ensemble de ces outils peut être complété par un travail dans le futur.

Chapitre 11 : Le futur

Vous connaissez tous, dans nos séances classiques, l'impact extraordinaire des projections.

Ce travail de futurisation offre au subconscient un moyen d'assimiler toutes les compétences, ressources, et nouvelles manières de fonctionner.

C'est également une véritable phase d'intégration. Vous offrez la possibilité au consultant de planifier ses actions et l'intégration de son travail dans le quotidien.

Vous lui offrez une nouvelle possibilité pour se rendre responsable de son travail.

C'est d'autant plus important dans le cadre de ce style de séance.

Il est encore dans sa transe en vie antérieure et vous allez lui faire faire ce que certains considèrent comme le symbole d'un 'entre les vies'. C'est-à-dire de se projeter dans le futur avec les différents points qu'il veut travailler, améliorer, comprendre, mais aussi tout ce qui a été déjà compris et qui a été oublié.

Cette phase donne un véritable impact pour le client/patient. Il revient souvent avec une sensation de révélation, comme s'il s'était réuni à une partie oubliée de lui-même.

Une fois que vous avez travaillé sur les maux de sa vie, sur les mécanismes qui apportent des ralentissements, c'est un point vraiment puissant que de le laisser mettre en place les possibilités de son propre futur, de sa propre démarche.

Vous pouvez mettre cette futurisation en place quand vous le faites sortir de son corps pour remonter vers la lumière.

Notre client/patient devient alors animé de possibilités extraordinaires.

Cette étape est un moment clef de votre séance c'est un peu comme lui offrir le livre de sa vie.

Il va pouvoir enfin récupérer les 'parties perdues' de lui-même qui l'on mené dans un malaise de sa vie présente.

Imaginez que vous ouvriez une encyclopédie de connaissances de vie. Imaginez que c'est le philosophe ou le scientifique en qui vous avez le plus confiance. Imaginez qu'il est source de toutes les connaissances utiles pour vous.

Votre consultant trouvera que le futur sera plus simple, les choses paraissant plus compréhensibles.

Il se projette souvent avec de nouvelles clefs en main.

S'il a modifié des éléments dans cette réalité transverse, il devient encore plus facilement le maître d'un nouveau monde, le sien dès à présent.

Proposez donc à votre sujet de se retrouver au moment de sortir de son corps et de s'imaginer dans une vie future avec tout ce qu'il a compris, ici et maintenant.

Faites lui préciser les comportements, sa manière de voir les choses. N'oubliez pas de toujours le relier à sa problématique de départ.

Chapitre 12 : Retour vers le présent

Votre séance terminée dans la vie antérieure, il vous suffit de le faire revenir dans le présent, en suivant une procédure simple.

J'ai vu de nombreuses manières de faire, le plus simple reste le plus efficient.

N'ayez aucune crainte, votre partenaire ne peut pas rester bloqué dans les dédales du temps.

Il vous suffit d'être précis dans vos directives.

1 - Vous allez le faire sentir s'élever vers le tunnel ou le couloir du temps.

2 – Invitez-le à prendre l'ensemble des éléments qui lui sont utiles pour résoudre ses troubles, ses problématiques dans l'instant présent.

3 – Faites-lui confirmer que tout est fait et qu'il est prêt à revenir dans le moment présent.

4 – Faites-lui prendre le couloir de lumière avec un compte de 1 à 10 pour revenir dans la vie présente.

5 – Faites-le repasser par les étapes que vous aviez mises en place en descendant dans la vie antérieure, cela lui permettra simplement de prendre un temps pour sortir de ce monde.

6 - Pour ma part, à ce point, j'en profite pour demander au subconscient s'il veut vérifier que les perceptions ont changé.

7 – Demandez-lui de retourner à des moments clefs de sa vie présente, qui avant ce voyage lui généraient une problématique, pour qu'il se rende compte de son nouveau comportement.

8 - Sinon vous pouvez simplement le raccompagner dans l'ici et maintenant et le faire émerger tout doucement.

N'oubliez pas que votre partenaire est en général descendu assez loin dans les niveaux de profondeurs.

Il faut prendre du temps pour qu'il revienne en douceur dans le moment présent.

Conclusion

Les vies antérieures, les régressions, alors, est-ce réel ou pas ?

Comme je vous l'expliquais dans cet ouvrage, cela n'a aucune importance.

Pour avoir beaucoup évolué dans un monde ésotérique, avec tout ce que l'on peut voir de déviant, je pense qu'il est aussi intéressant de rationaliser.

Vous remarquerez que toutes les personnes qui vous parlent de leurs vies passées sont les réincarnations d'un grand du passé.

Ca va de Toutankhamon à Gandhi... Tout le monde veut être exceptionnel et important. Ce qui est amusant c'est que je n'ai jamais rencontré une personne qui mettait en avant qu'il était la réincarnation d'Hitler.

Les nombreuses séances que j'ai pu mener sur mes clients/patients m'ont entraîné dans des vies bien plus humaines, avec de belles choses et d'autres plus sombres.

Les régressions peuvent nous apporter énormément de choses.

Prenez simplement le temps de voir et de suivre ce que le subconscient de votre partenaire vous propose.

Il n'est pas nécessaire de croire ou pas à cette démarche.

Nous sommes des praticiens, nos croyances doivent disparaître pour apporter à la personne qui nous donne sa confiance un mieux être.

Découvrez cet outil extraordinaire qui pourra même entrer dans une routine de travail.

De nombreux grands de l'Hypnose ont passé des années à l'inclure dans toutes leurs séances.

Prenez plaisir à ce retour vers un chemin parallèle à notre temps.

Remerciements

Merci avant tout mes professeurs qui m'ont enseigné ce que je sais aujourd'hui. Merci à Mme Lee Pascoe, à Mr Jerry Kein.

Je remercie mes amis et confrères de Hype-N-Ose qui m'enseignent de leurs expériences, de leurs découvertes.

Merci à Christine qui passe tant de temps à me relire, qui expérimente avec les jeunes et les anciens ces régressions.

Merci à Irène qui continue à m'offrir ses avancées, ses faiblesses et ses forces, pour évoluer dans ce domaine sans fin.

Merci à mes merveilleux élèves qui m'enseignent tant avec leurs séances, leurs ouvertures.

Merci à mes lecteurs qui me donnent tant de retours, qui m'apprennent à devenir un meilleur auteur.

Merci à tous mes clients qui me font confiance et qui m'imposent de devenir meilleur.

Hype-N-Ose

Hype-N-Ose (HnO) est une association de pratiquants et de praticiens en Hypnose et Thérapies Brèves.

Notre but est de rechercher, développer, pratiquer et diffuser sur ces sujets.

Pour ce faire, nous utilisons plusieurs leviers : des formations, des cabinets ouverts, de l'Hypnose de Rue, des livres, des audios...

Nous organisons des formations en Hypnose Classique Curative ainsi que des ateliers en thérapies brèves.

L'Hypnose Classique Curative est une discipline de synthèse et intégrative. L'hypnose est un vaste monde avec des écoles, des styles et des tendances.

Plus qu'un style, nous souhaitons intégrer, sur les bases communes de l'hypnose, une ouverture globale.

Nous organisons des cabinets ouverts, dans le but de faire découvrir l'aspect curatif au plus grand nombre.

Toutes les semaines nous organisons des sorties Street Hypnosis (Hypnose de Rue). Nous y invitons des praticiens mais aussi des amateurs.

Le but étant de faire connaître, dans un autre contexte que le soin, ce qu'est l'Hypnose.

Cette expérience humaine est extraordinaire. Nous pouvons dissiper les à-priori et faire vivre des expériences agréables aux passants.

Vous pouvez trouver plus d'informations sur ce que nous mettons en place sur : www.hype-n-ose.com

Nous avons mis en place un site de Mp3 d'Hypnose pour faire vivre des micros séances. Vous trouverez des informations sur :
www.hno-mp3-hypnose.com

Si vous souhaitez nous rencontrer, échanger, partager, n'hésitez pas à nous contacter :

Mail : hype.ose@gmail.com
YouTube : Hype-N-Ose
Facebook/ Twitter: Hype N Ose

Lexique

AVERTISSEMENT : Ce lexique est propre à l'auteur et à HnO.

Les définitions étant tellement différentes entre les écoles et les Praticiens, que nous vous donnons le sens dans lequel les mots sont utilisés dans le présent ouvrage.

Hypnose : Discipline et état qui se définit comme un contournement du Facteur Critique.

Hypnotist : Praticien en Hypnose.

Transe : Etat produit lorsque vous êtes en connexion Conscient/ Subconscient.

Conscient : Esprit Rationnel et Analytique, mémoire à court terme, Volonté.

Subconscient : Emotions, mémoire à long terme, Habitudes, protection.

Inconscient : Fonctions Immunitaires et Fonctions Vitales du corps.

By Pass : Contournement du Facteur Critique.

Pont : Représente un By Pass.

Facteur Critique : Sas d'informations qui intègre ou rejette les données au niveau du Subconscient.

Ancrage : Assimilation d'un stimulus à une réponse, par exemple, la Madeleine de Proust ou le Chien de Pavlov.

Ancrer : Construire une réponse subconsciente enclenchée par un mot, un geste, une image.

VAKOG : Nos canaux de communication se basent sur nos sens. Nous pouvons être Visuel/ Auditif/ Kinesthésique/ Olfactif/ Gustatif.

Emerge : Faire sortir son partenaire dans sa transe.

Régression à la cause : Entraîner le subconscient de son partenaire vers les origines de ses maux.

Seeding : Technique de répétition dont le but est de ne plus être analysé par le facteur critique, permettant ainsi à l'information de 'pousser' comme une graine plantée.

Signaling : Mouvement Idéo Moteur qui nous permet d'avoir un geste réflexe correspondant à une réponse basique comme oui ou non.

Nom : Cecile Noll

Ville : Férolles Attilly (77)

Contact : 06-09-79-62-28

Nom : Kerstine Koppers (Certifiée HnO)

Ville : Montigny le Bretonneux (78)

Contact : 06-62-83-32-83

Nom : Django Gassama

Ville : Lognes (77)

Site Web : http://coach-in-mental.jimdo.com

Contact : 06-89-10-92-46

Nom : Jimmy Huvet

Ville : Paris (75)

Site Web : http://hypnotherapie-coaching.vpweb.fr

Contact : 06-03-34-82-68

Nom: Irène Cazanave (Certifiée HnO)

Ville : Paris (75)

Site Web : www.lemondetvous.net

Contact : 06-34-20-21-56

Nom : Christophe Pank (Certifié HnO)

Ville : Le Chesnay (78)

Site Web : www.delta-bien-etre.com

Contact : 06-62-30-45-17

Nom : Elodie Cassar (Certifiée HnO)

Ville : Senlis (60)

Contact : 06-522-502-95

Nom : Js Op De Beeck (Certifié HnO)

Ville : Bruxelles, Belgique

Site Web : www.tb-hc.org

Contact : js.opdebeeck@gmail.com

Nom : Caroline Lavenant

Ville : Montpellier (34)

Contact : 06-18-74-02-36

Site Web : http://solution-hypnose.com

Nom : Pierre Yves Hamel (Certifié HnO)

Ville : Jouars Ponchartrain (78)

Contact : pyroeclips@hotmail.com

Les Instituts de Formations en France

Hypnovision et Hypnose Avancée NGH :

Mme Lee Pascoe

Enseignement : Méthode Silva/ Hypnose et beaucoup de méthodes complémentaires

Téléphone : 02-32-34-45-42

Mail : lee@hypnovision.net

Site Internet : http://www.hypnovision.net/

Hype-N-Ose :

Enseignement : Hypnose Classique Curative/ PNL/ Hypnose Urbaine

Téléphone : 06-62-30-45-17

Mail : hype.ose@gmail.com

Site Internet : http://www.hype-n-ose.com

IFHE :

Enseignement : Hypnose Ericksonienne/ Hypnose Humaniste

Téléphone : 01-43-06-00-00

Mail:contact@ifhe.net

Site Internet : www.hypnose-ericksonienne.com

ARCHE :

Enseignement : Hypnose Ericksonienne/ PNL/ EFT

Téléphone : 01-53-16-32-75
Mail: info@arche-hypnose.com
Site Internet : www.arche-hypnose.com

Phenix Institut :

Enseignement : Hypnose/ PNL/ Mentalisme

Téléphone : 04-93-69-97-10
Site Internet : www.phenixinstitut.com

Ecole Centrale d'Hypnose :

Enseignement : Hypnose Ericksonienne

Téléphone : 01-40-33-01-14
Site Internet : www.ecole-centrale-hypnose.fr

HypnoContact :

Enseignement : Hypnose/ PNL/ Auto-Hypnose

Téléphone : 06-12-57-33-91
Site Internet : www.hypnocontact.com